(Par Jean-Pierre Collin)

PRÉCIS

DE LA

CONJURATION DU DUC D'ORLÉANS,

DIT ÉGALITÉ,

RÉDIGÉ D'APRÈS MONTJOIE,

Par M. C.....

PARIS,

CHEZ L'AUTEUR,

rue Dauphine, 26.

1838

Tous les exemplaires seront signés par l'auteur.

AVANT-PROPOS.

De tous les monstres qui ont souillé la terre, depuis la naissance des siècles, aucun n'a surpassé en lâcheté, en bassesse, en hypocrisie, et en scélératesse, Louis-Philippe-Joseph d'Orléans, dit *Egalité.*

Sa vie entière a été un tissu de crimes si horribles, qu'à peine nous pourrions les croire, si les historiens ne s'accordaient à les rapporter, et si nous n'en avions pas été les tristes témoins, en même temps que les déplorables victimes. Sans lui, sans ses machinations perfides, la révolution n'eût point été ensanglantée, et le bon Louis XVI, qui fut proclamé le restaurateur de la liberté, ne serait pas mort sur l'échafaud.

Les uns ont accusé le peuple des maux qui ont accablé la France ; les autres en ont accusé la noblesse et la royauté : hé bien! ni la royauté, ni la noblesse, ni le peuple n'ont produit nos maux ; *C'est d'Orléans.*

Qui a fait incendier les châteaux ? *C'est d'Orléans.*

Qui a rempli de troubles Paris et les provinces ? *C'est d'Orléans.*

Qui a causé la famine en la faisant at-
tribuer au roi ? *C'est d'Orléans.*

Qui a fait persécuter et mettre à mort
ceux qui ne voulaient pas émigrer ? *C'est d'Orléans.*
Qui a fait piller ? *C'est d'Orléans.*
Qui a fait massacrer ? *C'est d'Orléans.*
Qui a fait assassiner ? *C'est d'Orléans.*

C'est lui qui, animant le peuple contre le roi et contre les nobles, et rejetant sur eux ses propres forfaits, a couvert de deuil notre malheureux pays, et l'a inondé de sang. On sera convaincu de ce que nous avançons, en lisant ce précis. Mais, lecteur, en rendant justice à Montjoie, qui a rappelé les événemens avec tant de vérité, vous conviendrez avec nous qu'il s'est trompé, en disant que si un membre de la famille d'Orléans venait à monter sur le trône, nos malheurs seraient au comble ; car notre patrie n'a jamais été aussi heureuse que sous Louis-Philippe, glorieusement régnant. En effet, le commerce et l'industrie sont à un haut point de prospérité, les finances sont dans un état brillant ; chacun bénit un prince qu'aucun monarque ne surpasse en générosité ; tout le royaume retentit des cris de joie d'un grand peuple qui célèbre son bonheur. Le plus bel avenir s'offre à nos yeux, notre espoir ne sera pas déçu.

Il nous semble encore entendre ces paroles royales répétées si souvent, quand une main bénigne serrait affectueusement nos doigts : *mes amis, mes camarades, je veux votre bien.* Ce vœu s'accomplit de jour en jour. Nous nous arrêterons ici, lecteur, vu que nous ne finirions pas, si nous voulions énumérer tous les bienfaits du règne de Louis-Philippe. Mais, ne nous continuez pas moins, s'il vous plaît, votre bienveillance pour ce que nous allons retracer, et pardonnez au style de l'auteur en faveur de l'intention.

CONJURATION
DU DUC D'ORLÉANS.

Louis-Philippe-Joseph d'Orléans, dit *Égalité*, connu dans sa jeunesse sous le nom de *duc de Chartres*, montra de bonne heure les goûts les plus pervers et les inclinations les plus viles.

Livré au vin, au jeu, aux prostituées, il donnait la plus grande publicité à son libertinage, et se plaisait à diffamer les femmes qu'il n'avait pu corrompre. La lubricité de sa mère, Louise-Henriette de Bourbon-Conti, qui se prostituait aux hommes de tous les états, fit qu'on lui disputa sa naissance : on le disait fils d'un valet d'écurie. Son ayeul même refusa constamment de le reconnaître pour son peti-tfils, et ne céda qu'au lit de la mort, voyant que son confesseur ne voulait point lui donner l'absolution, s'il persévérait dans son refus.

Il entra dans la marine, passa par tous les grades, et assista au combat d'*Ouessant*. Les uns disent qu'il s'y comporta en brave; d'autres assurent qu'il se cacha à fond de cale. Quoi qu'il en soit, à son retour, il fut l'objet de nombreuses épigrammes.

Son beau-père, le duc de Penthièvre, était amiral de France : il se flattait de lui succéder; mais il en arriva autrement. Telle fut la première cause de sa haine pour le chef de la branche aînée.

Louis-Philippe-Joseph d'Orléans, duc de Chartres, ayant conçu le projet de rétrécir son jardin du Palais-Royal, acheva de s'aliéner la considération publique.

Les maisons qui donnaient sur le jardin, furent privées de la vue et des issues, par les édifices nouveaux qu'il fit élever, et perdirent une grande partie de leur valeur. L'appât du gain l'avait guidé dans cette opération : on ne vit plus en lui qu'une avidité sordide, et, de ce moment, l'aversion et le mépris qu'il inspira, montèrent au plus haut degré.

Des gens sensés cherchèrent à l'éclairer sur la défaveur de l'opinion à son égard ; il répondit : *Je ne donnerais pas un écu de l'opinion publique.*

Les écrivains le représentent comme *déloyal*, *dissimulé*, *hypocrite*, *fourbe*, marchant vers le trône, sans jamais se rebuter, et sans profiter néanmoins des occasions que la fortune lui offrit.

La franc-maçonnerie lui paraissant un moyen d'arriver à son but, il y entra, et parvint au grade de chevalier *kadosch*. Son espoir ne fut pas trompé ; car au moment de la révolution les francs-maçons zélés prirent son parti avec chaleur.

Ses émissaires parcouraient la capitale et les provinces, tant pour lui gagner du monde, que pour soulever le peuple contre le gouvernement. Ses menées coupables lui valurent un exil en Angleterre.

Cependant, l'embarras des finances produisit une effervescence extrême. D'Orléans parut, par les intrigues de ses agens et l'appui de quelques membres du parlement, le sauveur de l'État.

Louis XVI le rappela en France ; on l'exila ensuite à Villers-Coterets. Sa haine se ranima contre le roi, et surtout contre la reine, qu'il jura de perdre. Ses partisans lui conseillèrent de se modérer. Il recourut à l'hypocrisie, s'étudia à recouvrer l'opinion publique, et gagna des journalistes qui publièrent qu'il voulait réparer les erreurs de sa jeunesse, et qu'il n'avait d'autre ambition que de servir son pays et les malheureux.

Sentant combien il lui importait d'avoir pour lui les habitans des campagnes, il ne négligea rien pour les gagner : il dotait des filles, tenait des enfans sur les fonts baptismaux, visitait les chaumières, conversait familièrement avec le fermier et les ouvriers.

Cette conduite lui réussit. Ayant encore obtenu sa grace, il revint à Paris. Persévérant dans ses exécrables desseins, il résolut d'accaparer tout le blé, espérant que la misère porterait à une insurection, et que s'il parvenait à monter sur le trône, il lui serait facile de le conserver, en faisant renaître subitement l'abondance.

La grêle détruisit l'espoir de la moisson de 1788 : d'Orléans exécuta son projet, au moyen d'un nommé Pinet, qu'il fit recevoir agent-de-change. Celui-ci prit des fonds de toute main, se mit à l'œuvre, acheta presque tous les grains que le fléau avait épargnés, et en envoya la plus grande partie en Angleterre. Le duc trouva dans cette opération un profit immense, et se vit maître de la subsistance du peuple. Le royaume fut bientôt dans la plus affreuse disette.

D'Orléans accusa par ses émissaires le gouvernement du mal qu'il avait fait lui-même. Necker, son ami, entra au ministère, et le prince, saisissant cette circonstance, excita de nouveaux troubles.

Des gens soldés par lui se rassemblèrent à la place Dauphine, comme pour se réjouir de la nomination de Necker, proférèrent des injures atroces contre le roi, qu'ils croyaient auteur de la disette, et firent un pompeux éloge de d'Orléans.

Dans cet intervalle, des libelles abominables circulaient contre la reine, notamment au Palais-Royal, qui était devenu le repaire de tous les hommes sans aveu, de tous les voleurs et de toutes les prostituées.

Fort de l'appui de tous les scélérats, d'Orléans rompit avec les cours souveraines, qui l'avaient toujours protégé, et les enchaîna par la terreur.

Immédiatement après les émeutes, les factieux pris, furent élargis. Necker convoqua les notables ; le tiers-état acquit beaucoup d'ascendant, et Louis-Philippe-Joseph rechercha sa faveur. Il se montra tout-à-coup libéral, d'avare qu'il était, tellement que le peuple devint sa dupe.

On eut un hiver très rigoureux, et les riches rivalisèrent de zèle, pour adoucir la misère des ouvriers.

Le duc les surpassa en bienfaits : plus il augmentait sa popularité, plus Necker travaillait à le soutenir : s'apercevant que le tiers-état allait dominer, il se jeta dans son parti, et se déclara l'ennemi des deux autres ordres.

Il organisa une armée de brigands qui exécutèrent tous les forfaits nécessaires à ses vues. Un grand nombre de particuliers furent volés par les scélérats qui étaient sous ses ordres. Les effets enlevés se portaient de nuit au Palais-Royal, et d'Orléans, après avoir pris ce qui lui convenait, donnait le reste à ses agens.

Parmi ces vols, un fait à Lucienne, chez la comtesse Dubarry, lui rapporta considérablement.

Ses émissaires assassinèrent, rue de l'Échelle, une femme avec laquelle il vivait familièrement.

Elle était d'autant plus riche, qu'elle vivait avec une sévère économie. Après sa mort on ne trouva plus rien chez elle.

La terreur qu'il inspirait était telle que, si on arrêtait des brigands à sa solde, on les relâchait sur-le-champ. Non content d'une nuée de malfaiteurs, qui n'attendaient que son signal pour verser le sang, il crut devoir encore s'entourer d'une armée de rebelles pour intimider les Parisiens, et les réduire à s'insurger. Il chercha dans les faubourgs des chefs à ces brigands, et jeta les yeux sur Réveillon, qui tenait une manufacture considérable de papiers peints, et sur Henriot, qui en avait une de salpêtre; mais il repoussèrent ses propositions.

Le marquis de Sillery, Laclos, Mirabeau, etc., formèrent son conseil révolutionnaire.

La famine augmentant, par ses machinations, il eut l'art de faire croire que le gouvernement en était la cause.

Necker conseilla au roi de se rapprocher du prince, il y consentit, et lui offrit de resserrer les nœuds de famille par le mariage de sa fille avec le duc d'Angoulême.

Tant de bonté ne put le toucher. Il envoya partout ordre à ses officiers de traiter avec distinction ce qu'il appelait le petit peuple et le tiers-état, afin qu'on portât les yeux sur lui lors de l'élection des députés aux États-Généraux; il permit aussi de chasser sur ses terres, et distribua des bienfaits que des journaux eurent soin de grossir.

Un écrit, portant son nom, et que Syeyès avait rédigé, lui gagna entièrement les cœurs de la multitude. Deux bailliages le nommèrent député: il opta pour Villers-Coterets. Alors, il fit prêcher le massacre des prêtres et des nobles; on insulta la reine dans des écrits et de vive voix.

La fortune lui souriant, il organisa un complot pour le 27 avril 1789, et se prépara à tirer parti du désordre pour se venger de Réveillon et de Henriot.

Les mesures concertées, on donna le signal d'insurger le faubourg St.-Marceau. Il fixa pour le lendemain 28, une course de chevaux à Vincennes.

On publiait que la cour, la noblesse, les parlemens allaient anéantir les États-généraux; que la ville allait périr par la famine, et que le gouvernement n'avait appelé des troupes que pour maîtriser la capitale. On s'attendait à des suites désastreuses.

Sur les trois heures, des brigands parcoururent les rues, portant un mannequin qui représentait Réveillon, et pendirent ce mannequin à la place de Grève.

Réveillon se rendit chez le lieutenant de police et chez le colonel des gardes-françaises, pour obtenir du secours.

Quant à Henriot, son nom n'ayant pas même été cité, il était loin de craindre quelque chose. Le lendemain, les bandits se transportèrent au faubourg Saint-Antoine, et trouvèrent des soldats qui ne voulurent pas les laisser entrer chez Réveillon.

D'Orléans parut au milieu de ces bandits. Il semblait naturel. qu'allant à Vincennes, il passât par le faubourg Saint-Antoine.

Il s'arrêta devant la maison de Réveillon, comme pour voir ce qui se passait, descendit de voiture, caressa les brigands et leur prit la main. Le soir, ceux-ci fondirent sur la demeure de Réveillon, ensuite sur celle de Henriot, et jetèrent les meubles par les fenêtres. La force armée dissipa ces furieux, et en tua plus de deux cents.

Ils avaient reçu depuis douze jusqu'à trente-six livres. On se saisit de ceux qui avaient été blessés, et deux seulement furent punis.

Le 17 juin devait, au moyen de ses trames, produire une scène dont le résultat aurait été la jonction des trois ordres, l'interdiction du roi, et l'assassinat de la reine. Dès qu'on lui eut appris, dans la chambre de la noblesse, que le tiers-état s'était constitué en assemblée nationale, il se leva et prononça un discours. Il en attendait un mouvement favorable à ses vues. La chaleur fut excessive ce jour-là.

D'Orléans en était à sa troisième ou quatrième phrase, quand le marquis de Montrevel dit : *Qu'on ouvre les fenêtres.*

Le prince crut qu'on avait découvert son plan, et qu'on allait le jeter par les fenêtres ; il laissa tomber le papier et s'évanouit.

On déboutonna ses habits pour le faire respirer plus librement, et on remarqua qu'il avait quatre cuirasses et quatre gilets, dont l'un en peau de renne. Le coup manqua donc par la frayeur qui s'empara du duc ; mais il ne se déconcerta point.

Dans la même journée, quatre-vingt-seize membres de la noblesse, gagnés par lui, se mirent du côté du tiers-état, et restèrent quelque temps dans la chambre pour alimenter la division.

Malgré cela, il ne crut pas inutile de recourir à d'autres moyens pour assurer davantage le mouvement qui devait ceindre sa tête du diadême.

Des soldats de toutes armes ne quittaient point le Palais-Royal ; on les comblait de caresses, on leur distribuait de l'argent, en les engageant à servir le peuple.

Un officier des gardes-françaises fut choisi pour les débaucher ; les prostituées achevèrent son ouvrage, et les militaires de ce corps se mirent en insurrection.

Le duc obtint la présidence de l'Assemblée nationale. Comme la cour le faisait surveiller, ses conseillers révolutionnaires s'assemblèrent à Passy, et décidèrent qu'une insurrection générale aurait lieu le 13 juillet 1789 ; que le duc serait proclamé *lieutenant-général* ou *régent* ; que l'on augmenterait la disette pour que les bourgeois se vissent forcés de prendre les armes ; que l'on assassinerait de Flesselles, Berthier, Foulon, Pinet, agent-de-change, le baron de Bézenval, le baron de Bréteuil, le comte d'Artois, etc. ; que l'on mettrait à mort ceux qui entraveraient l'accaparement des grains, que l'on pillerait et brûlerait tous les châteaux ; que l'on massacrerait les royalistes qui ne sortiraient pas de France. On publia la liste de tous ceux que l'on devait immoler, mais le nom de *Pinet* n'y fut point inscrit parce qu'on voulait le voler, et que, s'il en eût eu le moindre soupçon, il serait parti avec son argent et ses papiers.

Louis-Philippe-Joseph, appuyé du bas-peuple et des brigands qu'il payait, comptant sur la défection des gardes-françaises, ne redoutait plus que les bourgeois. Il les ébranla par des écrits. On disait dans les cafés et dans le jardin du Palais-Royal, qu'il fallait se mettre sous la protection de *Monseigneur*.

Dans le même temps on jetait de l'argent par les fenêtres des pièces qu'habitaient le prince et ses enfans.

Des orateurs engageaient les spectateurs à défendre l'Assemblée, M. Necker et monseigneur le duc d'Orléans.

Parmi les orateurs était un grand nègre qui lui appartenait. La cour ne savait quel parti prendre.

Louis XVI crut devoir renvoyer Necker, ce qui déconcerta un peu le duc.

Les électeurs qui avaient nommé les députés du tiers-état, s'emparèrent du pouvoir à Paris, prirent les trésors de la ville et frappèrent diverses réquisitions.

Ils devaient proclamer le duc lieutenant-général du royau
me dès qu'il se présenterait ; mais il ne parut point.

Les conjurés se livrèrent à mille excès. On décida que d'Orléans irait au château , s'offrirait pour médiateur entre le roi
et le peuple, et qu'on lui donnerait le titre de lieutenant-général du royaume. Le 14, sur le soir, il se rendit au château,
où le conseil était réuni. Il s'avança en récitant tout bas le
discours qu'on lui avait appris. Quand il fut à la porte, il hé
sita, pâlit, trembla et n'osa la faire ouvrir. Enfin, elle s'ouvrit,
et les membres du conseil sortirent. Le duc aborde le roi,
perd contenance, et lui demande en balbutiant la permission
de se rendre en Angleterre si les affaires empirent. Le roi lève
les épaules et garde un profond silence.

La conspiration échoua encore une fois. Louis XVI voyant
l'effervescence augmenter, céda au vœu de l'assemblée, et se
décida à venir à Paris.

D'Orléans était au comble de la joie, et se promettait de
faire égorger le souverain dans la capitale.

Louis XVI se mit en route, et lorsqu'il arriva sur la place
Louis XV, un assassin, placé au-delà de la rivière, tira sur son
carosse avec un fusil d'une structure extraordinaire. La balle
passa derrière la voiture et alla frapper une femme qui expira
quatre minutes après. Cette femme s'appelait Anne-Félicité-
Jacqueline Duprateau.

Flesselles, Berthier, Foulon, etc., qu'avait proscrits le conseil révolutionnaire de Passy, furent mis à mort avec des cir-
constances horribles ; mais rien n'égale celles qui accompa-
gnèrent l'assassinat de Pinet.

Louis-Philippe-Joseph commanda à des scélérats de s'ar-
rêter, rue Saint-Marc, devant sa maison, et de le menacer.

Pinet, naturellement craintif, pensa à mettre sa fortune en
sûreté, et communiqua ses inquiétudes au duc. Ce dernier lui
ayant dit que son palais était un asile inviolable, à cause de
l'attachement que le peuple lui portait, il lui confia tous ses
papiers ; le prince lui en donna une reconnaissance.

Pinet réfléchit sur la mort de Berthier et de Foulon, et
craignit le même sort. Il redemanda donc son portefeuille.

D'Orléans lui assigna un rendez-vous et ne s'y trouva point.
Pinet, revenant à la charge, reçut, le 29 juillet, une lettre du
prince qui l'invitait à venir le trouver à Passy, avec le récét
que là, son portefeuille lui serait remis. Pinet sorti-
entre cinq et six heures du soir pour aller à Passy.

D'Orléans lui annonça qu'il trouverait son portefeuille chez Basin, qui l'attendait dans sa maison de campagne près du Vésinet. *Je vais*, ajouta le duc, *vous donner un cabriolet avec un de mes gens, qui vous conduira chez Basin. En lui remettant ma reconnaissance, il vous rendra votre portefeuille.*

Pinet monte dans le cabriolet. Quand il est dans le bois du Vésinet, des scélérats portant la livrée de la reine, le font descendre, et l'un d'eux lui tire un coup de pistolet derrière la tête ; il tombe, on le croit mort, et on enlève le récépissé.

Pinet resta sans connaissance durant toute la nuit. Son évanouissement cessa vers l'aurore, et il se traîna jusqu'à l'auberge du Pecq. Un chirurgien fut appelé.

Pinet lui dit qu'il était tombé sur un tronc d'arbre. Le chirurgien visita la plaie et s'écria : *Ce n'est point un tronc d'arbre, c'est une arme à feu, qui vous a fait cette blessure.* Pinet, entendant ces paroles, se troubla, mit le doigt sur la bouche, et fit signe de se taire. Il mourut trois jours après. Par suite de ce crime et de l'enlèvement du portefeuille, le duc et ses agens se trouvèrent libérés des sommes qu'ils lui devaient.

L'agitation générale détermina le roi à ordonner au duc de se retirer en Angleterre. Il obéit, et n'en continua pas moins ses trames criminelles.

La société des Jacobins, qui servait ses intérêts, s'occupa de l'insurrection des régimens, et remplit la France de troubles.

Cependant son absence donna quelques instans de repos au gouvernement, et de temps en temps, le peuple semblait vouloir se rapprocher du monarque.

D'Orléans craignant que ses partisans ne se décourageassent, mit tout en œuvre pour revenir ; Louis XVI se laissa de nouveau fléchir. Le duc étant rentré en France, n'en devint que plus audacieux ; il suscita au roi tant de désagrémens et l'environna de tant de dangers, qu'il le força à quitter Paris. On sait comment il fut arrêté à Varennes, pendant qu'il se rendait à Mont-Médy.

Lorsque le monarque eut été jeté dans les fers, une Convention nationale réunit tous les pouvoirs ; le duc, qui y siégea, n'avait rien négligé pour introduire une partie de ses plus chauds partisans. On connaît les massacres du 2 septembre.

Quelques personnes rachetèrent leur vie à prix d'argent ;

Manuel reçut cinquante mille écus pour relâcher la princesse de Lamballe; mais d'Orléans qui lui avait voué une haine implacable, envoya à la Force des assassins, qui la firent périr dans des tortures affreuses.

Sa tête fut mise au bout d'une pique, qui fut plantée sous les fenêtres du duc. Lorsqu'elle arriva, il allait se mettre à table avec des anglais et une de ses concubines. Il courut vers la fenêtre, contempla de sang-froid cette tête sanglante, et revint s'asseoir tranquillement à table.

Il gagna à cette mort un douaire considérable, que la princesse avait sur les biens de la duchesse d'Orléans. Quand la convention se divisa en plusieurs partis, le duc embrassa celui de la Montagne.

Il donna le 13 janvier 1793, un grand dîner auquel il invita les députés dont l'opinion était incertaine sur le sort du roi. Le Pelletier de Saint-Fargeau se trouva du nombre.

Le duc, qui savait qu'il avait fait serment de ne jamais condamner personne à mort, et qu'il avait engagé vingt-cinq de ses co-députés à prononcer en faveur de Louis XVI, le tira à part à la suite du repas, et lui dit : *Saint-Fargeau que faites-vous. Vous n'y pensez pas, vous vous perdez, votez la mort; engagez vos amis à émettre le même vœu, promettez-le moi, et moi, de mon côté, je vous promets une alliance avec ma fille :* Saint-Fargeau se laissa corrompre, et fit changer de sentiment à ses amis.

Le duc répondit : *Oui*, à la première question : *Louis est-il coupable de conspiration contre la liberté, et d'attentat contre la sûreté générale de l'Etat.*

Il répondit : *Je ne m'occupe que de mon devoir, je dis non, à la seconde question : le jugement qui sera rendu sur Louis, sera-t-il soumis à la ratification du peuple réuni dans ses assemblées primaires?*

Il répondit à la troisième question : *Uniquement occupé de mon devoir; convaincu que tous ceux qui ont attenté, ou attenteraient par la suite, à la souveraineté du peuple, méritent la mort, je vote pour la mort.*

A ce mot, des hommes connus pour être dépourvus d'humanité, se levèrent brusquement, en détournant la tête, et s'écrièrent : *Oh! l'horreur! oh! le monstre!*

Pendant les apprêts pour l'exécution de l'infortuné monarnarque, d'Orléans se tenait dans un cabriolet sur le pont Louis XV. Lorsque la tête tomba, il sourit, ses yeux brillèrent d'une joie féroce, et il ne quitta point le pont, que les restes sanglans du souverain ne fussent enlevés. Alors, il retourna chez lui, monta dans une voiture attelée de six chevaux, et alla dîner au Raincy.

Pour obtenir le sceptre, auquel il aspirait depuis si long-temps, il mendia la protection des êtres les plus vils, les plus infâmes, et ils la lui firent acheter chèrement : meubles précieux, riche galerie de tableaux, collection inappréciable de pierres gravées ; tout leur fut prodigué. Il emprunta des sommes énormes, et se vit réduit à déposer son bilan ; mais tous ses sacrifices devinrent inutiles : ceux qni l'avaient soutenu, l'abandonnèrent, dès qu'il n'eut plus rien à donner, et qu'ils le virent l'objet de l'exécration générale, pour avoir causé la ruine de son parent.

Quelque temps après les massacres des 2 et 5 septembre, d'Orléans coiffé d'un bonnet rouge, monta dans la tribune des Jacobins, et déclara publiquement qu'il n'était pas le fils du dernier duc d'Orléans, qu'il était vrai qu'il devait le jour à un valet d'écurie. Il écrivit la même chose à la commune de Paris, et lui demanda un nom. Le conseil-général arrêta ce qui suit :

Louis-Philippe-Joseph et sa postérité porteront désormais pour nom de famille, égalité. Il prit donc ce nom, et le donna à ses enfans. Odieux à la *nation*, méprisé de ses complices, il fut dénoncé, et reçut ordre d'aller rendre compte de sa conduite au comité de sûreté générale.

Quand on se saisit de sa personne, il pâlit et s'évanouit ; on le conduisit à l'Hôtel-de-Ville ; là il demanda à genoux, et en joignant les mains, qu'il lui fût permis d'écrire à la Convention. On le lui permit, et il renouvela sur le papier ce qu'il avait déclaré aux Jacobins touchant sa naissance.

Il prétendit que, s'appelant *Egalité*, et non *Bourbon*, il ne devait pas être compris dans le décret qui frappait ceux qui portaient ce nom. On lut sa lettre, on passa à l'ordre du jour, et on décréta qu'il serait tranféré à Marseille. Il fut enfermé à l'Abbaye à huit heures du soir, et s'y livra au découragement.

Constitué prisonnier, le 7 avril 1795, il partit le 11 pour Marseille. Le duc passa les premiers jours dans le désespoir, mais insensiblement, il reprit courage. La bonne chair, le vin, les liqueurs, les femmes de mauvaise vie, occupèrent tous ses instans. Sa conduite licencieuse faisait rougir les geôliers mêmes.

Le prince de Conti, qui était dans la même prison, écrivit à la Convention à ce sujet, et dit qu'il aimait mieux mourir, que de vivre avec un tel monstre.

D'orléans, traduit au tribunal criminel des Bouches-du-Rhône, fut déchargé de toute accusation, parce qu'on n'avait envoyé aucune pièce contre lui; mais on ne le mit point en liberté, vu qu'un arrêté du comité de salut public, le défendait, quel que fût le jugement qui interviendrait. Il écrivit à la Convention pour être élargi; on lui répondit par l'ordre du jour. Au bout de six mois, la Convention décréta d'accusation quarante-deux députés, parmi lesquels était *Philippe Egalité.* On le ramena à Paris, on le déposa à la conciergerie, et le tribunal révolutionnaire le condamna à la peine de mort.

Le 6 novembre 1793, vers quatre heures après midi, on vint le chercher pour le mener au supplice.

Une foule innombrable le suivit, en lui reprochant sa lâcheté, ses débauches, ses vols, ses accaparemens de grains, sa haine contre la famille royale, son ambition, son avarice, son avidité pour l'argent; la fin tragique de la princesse de Lamballe; en un mot, tous les forfaits qu'il avait commis.

Tu avais, lui disait-on, *voté la mort de ton parent, eh bien! tu vas aussi recevoir la mort, misérable! tu voulais être roi; le ciel est juste, ton trône va être un échafaud.*

La charrette s'arrêta sur la place du Palais-Royal, il regarda son palais et l'inscription qu'on y voyait alors, en remuant les lèvres.

On l'exécuta sur la place Louis XV, sur cette même place où il avait fait expirer le vertueux Louis XVI.

L'air retentit d'applaudissemens, quand l'exécuteur montra sa tête aux spectateurs. Il avait 46 ans. Son corps fut porté au cimetière de la Madeleine, et confondu avec les innombrables victimes que ses crimes y avaient amoncelées.

NOTE.

Dès que Louis XVI eut expiré, d'Orléans ne jouit plus d'aucun repos ; il se crut entouré d'assassins. On n'était admis à le voir, qu'avec les plus grandes précautions.

La mort du monarque avait allumé contre lui une haine universelle. Ses anciens partisans se cachaient, et n'osaient avouer leurs rapports avec lui.

Il se jeta dans les bras des Maratistes, qui eurent ses dernières dépouilles. Ils lui dirent qu'ils avaient besoin de fonds, pour opérer un mouvement tendant à le proclamer lieutenant-général de la république ; et il leur remit tout ce qui lui restait.

Le 10 mars 1793, il y eut en effet une émeute dont le but était de faire périr les fédéralistes, mais d'Orléans ne se montra point à l'Hôtel-de-Ville. Le bruit courut qu'il s'était évanoui, au moment de s'y rendre.

Depuis ce jour, il fut presque totalement abandonné ; et ses affaires furent perdues sans ressource, quand Dumouriez, qui voulait le mettre sur le trône, eut échoué dans son entreprise.

Néanmoins, ses complices et ses partisans ne cessèrent de pousser à l'anarchie, soit dans l'espoir de relever la famille, soit pour s'assurer l'impunité, en éloignant le retour d'un ordre de choses qui aurait mis à nu leurs infamies.

Il est donc vrai de dire que la faction du Duc a enfanté les maux qui nous ont affligés.

La mort de Louis XVI, de la Reine, de madame Elisabeth, de madame de Lamballe, les massacres du 6 octobre, les journées du 20 juin, du 10 août, de septembre, etc., qui furent son ouvrage, nous arracheront toujours des larmes, et feront frémir la postérité la plus reculée.

TYPOGRAPHIE DE MICHEL FOSSONE,
Avenue de Saint-Cloud, 3, à Versailles, et rue des Poitevins, 2, à Paris.